MIS PRIMEROS CONOCIMIENTOS

LOS COLORES

LOS NÚMEROS

LAS FORMAS

LOS CONTRARIOS

Ilustraciones y textos de Nadine Piette
Traducción de Remedios Martínez G.

Hemma
ediciones

Mis primeros conocimientos

© 1991, Ediciones Hemma
"D. R." © 1992, por Ediciones Larousse, S. A. de C. V.
Dinamarca núm. 81, México 06600, D. F.

PRIMERA EDICIÓN — Segunda reimpresión
ISBN 2-8006-1534-6 (Ediciones Hemma)
ISBN 970-607-188-1 (Ediciones Larousse)
Impreso en México — Printed in Mexico

Descubre, con nuestros dos amigos

**los colores, las formas,
los números, los contrarios.**

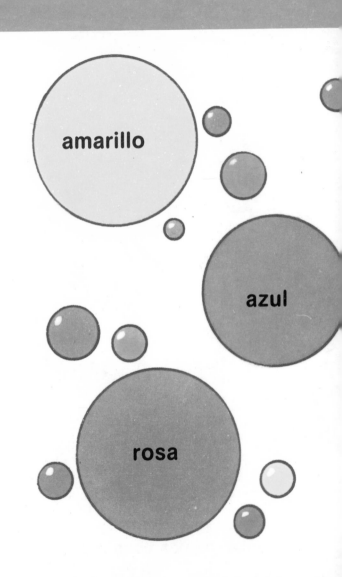

LOS COLORES

tomate

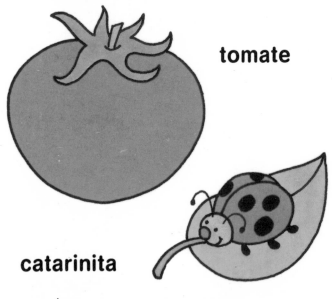

catarinita

camión de bomberos

ROJO

pez rojo

fresa

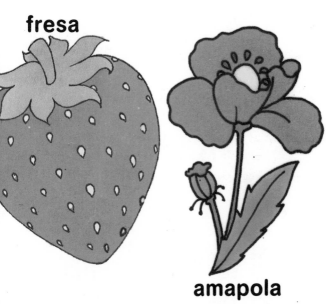

amapola

cielo

mar

pantalón

flor

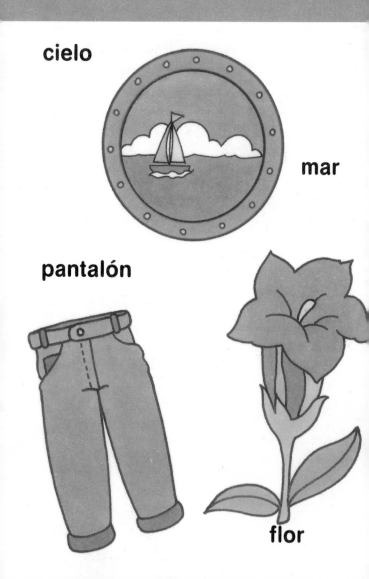

AZUL

uvas

coche

sol

plátano

AMARILLO

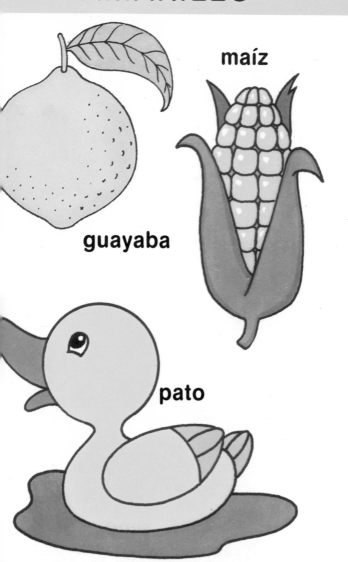

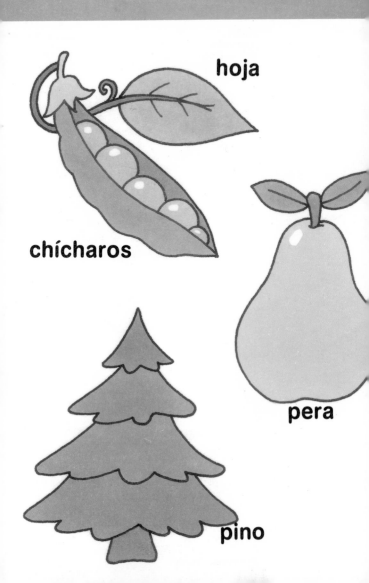

hoja

chícharos

pera

pino

VERDE

rana

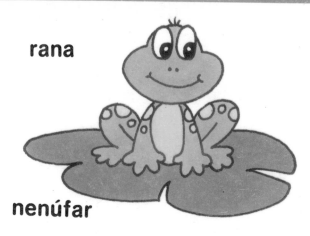

nenúfar

oruga

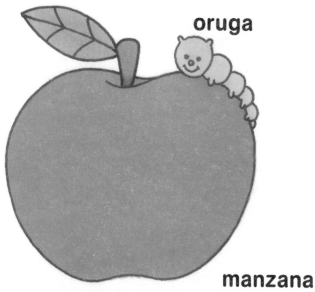

manzana

cerdito

jabón

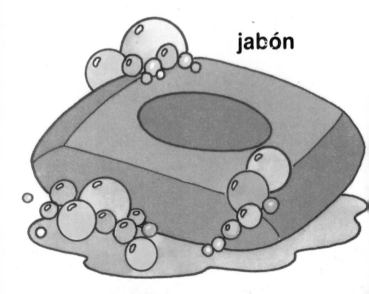

ROSA

flamenco

rosa

¡Ahora ya conoces los colores!

¿Puedes decirme
de qué color son
la manzana, el patito y la rana?. . .

triángulo

rectángulo

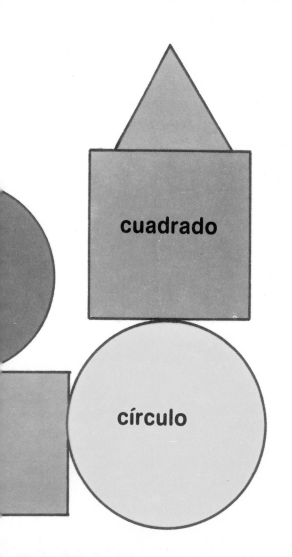

cuadrado

círculo

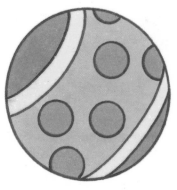

pelota

botón

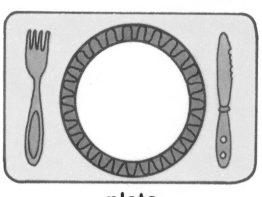

plato

EL CÍRCULO

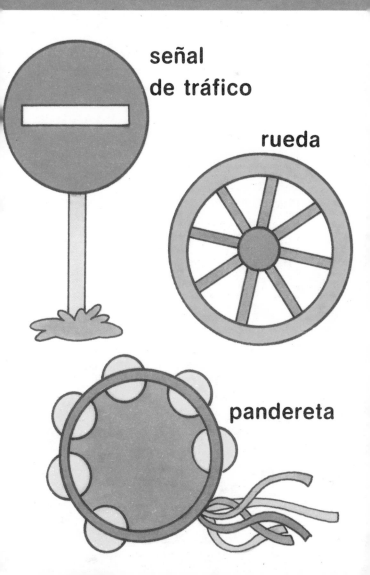

señal
de tráfico

rueda

pandereta

ventana

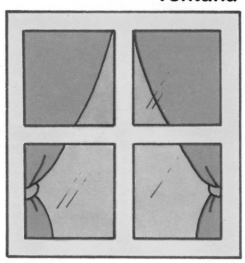

funda del disco

EL CUADRADO

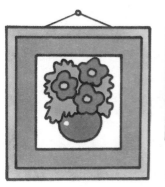

cuadros

tablero

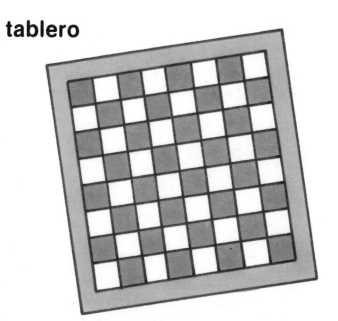

acuario

postal

timbre

sobre

EL RECTÁNGULO

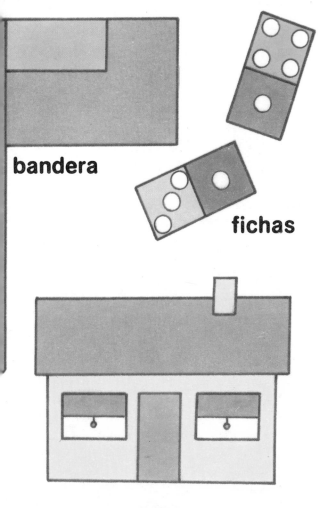

bandera

fichas

casa

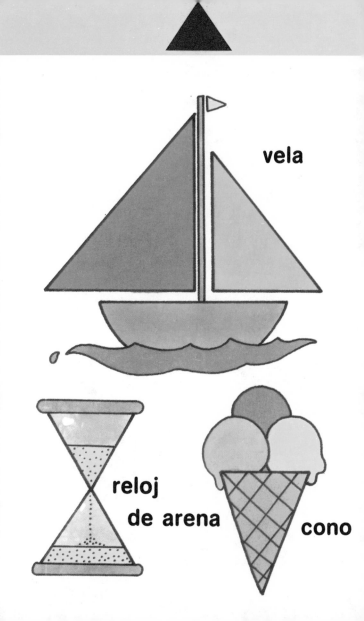

vela

reloj
de arena

cono

EL TRIÁNGULO

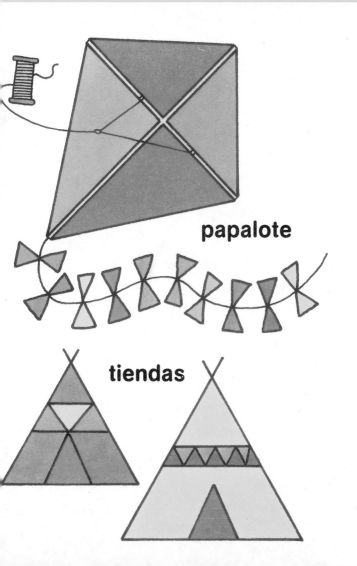

papalote

tiendas

**El ratoncito está contento:
sabe que has aprendido**

**todas las formas que
se ocultan en el tren.**

LOS NÚMEROS

un molino de viento

dos gatos

3

tres pelotas

4

cuatro velas

cinco patos

6

seis ratones

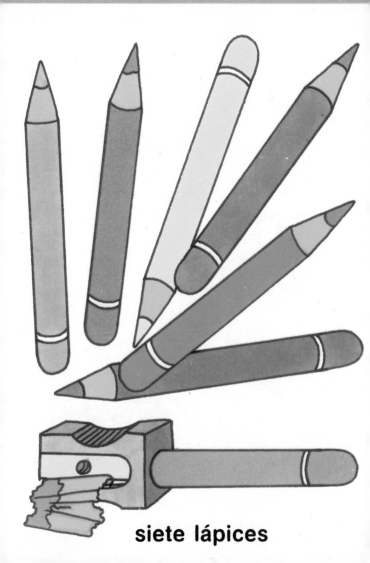

siete lápices

ocho peces

9

nueve abejas

10

diez estrellas

¡Ahora sabes contar hasta 10!

En este dibujo,
¿cuántas nubes,
flores y
abejas, ves?

rápido

lento

PEQUEÑO-GRANDE

grande

pequeño

FRÍO-CALIENTE

frío

caliente

DENTRO-FUERA

fuera

dentro

DELANTE-DETRÁS

detrás

elante

ESTRECHO-ANCHO

estrecho

ancho

CORTO-LARGO

corto

largo

ARRIBA-ABAJO

arriba

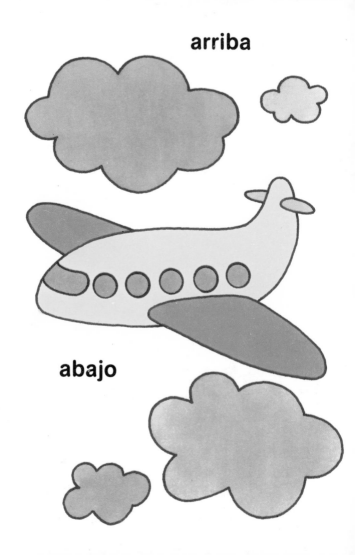

abajo

LIGERO-PESADO

ligero

pesado

Como ya conoces
los contrarios,

**busca todos
los que puedas en este dibujo.**

Ahora ya has aprendido

los colores

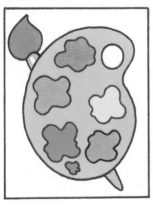

las formas

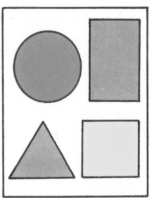

los números

los contrarios

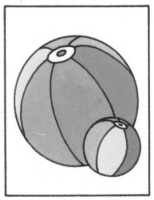

¡Son tus primeros conocimientos